AF273556

EL TIEMPO TODO LO OSCURA

Ricardo de la Fuente

EL TIEMPO TODO LO OSCURA

Ediciones de la Isla de Siltolá
Sevilla 2025
Colección *AFORISMOS*

© **Ricardo de la Fuente**

© de las fotografías del autor: Luz D. Montero Espuela

© 2025: **Ediciones de La Isla de Siltolá**

Apartado de Correos 22.015

41018 – Sevilla (España)

www.laisladesiltola.es • editorial@laisladesiltola.es

Diseño de colección: La Isla de Siltolá

Impresión: Kadmos

Diseño de la cubierta: Salvartes

ISBN: 978-84-19298-48-5 • DL: SE 325-2025

IBIC: DCF • THEMA: DCF

(Impreso en España)

*A Alberto Magro,
a mi hermano Goyo
(in memoriam)*

AS TIME GOES BY

*The fundamental things apply
as time goes by.*

HERMAN HUPFELD

QUÉ sabiduría la de la presbicia que nos obliga a alejarnos para ver mejor.

∽

NO te inquiete perder el tiempo, él se encargará de encontrarte.

∽

MADURAR es aceptar los yos sobrevenidos.

∽

SI no te ha dolido el despertar, todavía no conoces el dolor.

NOS pasamos la vida sospechando que vivir es otra cosa.

༄

NO cometer el crimen perfecto. Dejar huella.

༄

ESAS pequeñas miserias que recolectamos con los años y a las que, por nada del mundo, estamos dispuestos a renunciar.

༄

A LAS certezas mejor sacarlas a pasear con correa y bozal.

༄

PASAMOS sin más de solar en construcción a amenaza de ruina.

EL escepticismo como refugio tampoco nos redime.

၄

EL espejo con el tiempo nos demuestra que se puede ser
objetivo sin tener razón.

၄

HAY cicatrices que duelen cuando cambia nuestro tiempo.

၄

SABEMOS que no hay nada, pero insistimos.

၄

LAS musas, compasivas, saben cuándo callar.

ESA soledad que le atraviesa y le serena a uno el alma.

છ૭

LOS nuestros: ente destinado a sufrir caquexia progresiva.

છ૭

NO subestimes a tu necedad.

છ૭

A LA culpa vacía de causa le basta con el envase.

છ૭

LA memoria y los sueños tienen firmado un contrato de confidencialidad.

¿SERENIDAD? Sí claro, pero con alguna ventisca de vez en cuando.

&

ERES el detective que descubrirá que el culpable eres tú.

&

EL paso de los años nos prepara para la muerte de los demás.

&

EL tiempo es el mejor dietista de lo necesario.

&

NADA desacelera tanto el vértigo vital como el tiempo bien hospedado.

LLEGA un día en que la calma se mofa de la felicidad.

ↄ

Y ESA prisa por llegar los primeros a nada.

ↄ

EL temor a que un día la memoria en sepia lo cubra todo.

ↄ

EL sufrimiento se basta para ralentizar el tiempo.

ↄ

ENVIUDAR de ego y, pasado el duelo, contraer nuevas nupcias.

EL odio verdadero empieza cuando no se espera nada a cambio.

⁊

INCLUSO a jactarse de haber perdido el deseo puede llegar la vanidad.

⁊

HAY lazos familiares que mutan a cilicios.

⁊

PARA arder bien hay que secarse.

⁊

EL tedio es un catalizador de la decadencia.

AHOGARSE en el foso de un castillo en el aire.

⁊

SIEMPRE se vuelve al primer amor propio.

⁊

EL peso del paso de los años sin poso.

⁊

LAS relaciones entre la vejez y la felicidad son de diplomacia fría, pero elegante.

⁊

HAY sentimientos tan frágiles que nunca se rompen.

TODA moral de hierro tiene su fragua escondida.

⁊

EN boca ajena hay nosotros incomodísimos.

⁊

EL octavo día dijo el Hombre: hágase el apocalipsis. Y en ello andamos.

⁊

YA no se sabe sufrir como antes, Luisa Lanzarote dixit. (*Metafísica popular*).

⁊

ESOS días en los que todo apesta a nada.

ALGÚN día añoraremos no ya las llamas, sino las pavesas del deseo.

∾

EL momento de la verdad. O sea, la verdad momentánea.

∾

HAY días en los que la brújula se cambiaría por la veleta. Y viceversa.

∾

PARA cuando uno aprende a mover las fichas por el tablero de la vida, el juego ha perdido interés.

∾

LA paloma sigue equivocándose, Rafael.

EL anuncio del Apocalipsis por parte de una generación es la prueba irrefutable de su decadencia.

∽

MUCHAS de las lecciones que da la vida están fuera del temario.

∽

NO hacer envejece más.

∽

LLEGA un momento en que ya nos gustaría tropezar en la misma piedra.

∽

EL arte de hospedar los desengaños.

EL tiempo todo lo oscura.

∾

ESA sensación de que el verano ha terminado para siempre.

GLÁNDULAS DE LA RELATIVIDAD

En el barco que llevaba a Einstein a Buenos Aires, en 1925, un viajero lo identificó como «el inventor de las glándulas de la relatividad».

(*Einstein y los españoles*, Thomas F. Glick, CSIC Madrid, 2005)

TU sombra no se cree tu prisa.

ϛͻ

NO moverse es la forma más frecuente de huida.

ϛͻ

ESTAR expuesto es ser, ¡qué subversión de la filosofía!

ϛͻ

LAS etiquetas que se ponen a los niños limitan su talla.

LAS nubes coleccionan plumas de ala de ángel.

❧

FELICIDAD ostentosa, felicidad sospechosa.

❧

LO capital es el capital.

❧

PARA cuándo una clasificación de las personas por lo
que dura su afán por cambiar las Leyes del Universo.

SEGÚN los Vedas «El hombre se convierte en lo que piensa». Hay que joderse lo torpes que somos pensando.

ᏉᎧ

HAY amores de paso que nunca terminan.

ᏉᎧ

EL dolor es un número primo.

ᏉᎧ

SE sentía poeta de días nublados.

DESMENTIDO médico: el alcohol no cura heridas.

❧

LO dice la gramática: la concordancia es la igualdad de género y número en todos los casos.

❧

LA coartada de creer para no buscar.

❧

LOS que se proclaman descreídos, solo han cambiado de creencias.

HAY conversaciones animadas aburridísimas.

✌

MOVERSE mucho como ilusión de que se va a alguna parte.

✌

QUÉ facilidad la del deseo para mutar de polvorín a pólvora mojada.

✌

LA autoestima no admite franquicias.

CADA época ha visto el mundo y su final de una manera. Nada nuevo, excepto que las épocas cada vez duran menos.

∞

UNA opinión bien formada incluye la duda de defenderla.

∞

EL deseo sin su pizca de inseguridad no alcanza su sazón.

∞

SONRISA: *veni, vidi, vici*.

DOS temples inmiscibles: el de quien pone su empeño en razonar y el de quien se empeña en tener razón.

∽

MÁS que entender a los demás, nos preocupa interpretarlos.

∽

HOY los sentires nacen con obsolescencia programada.

∽

CORAZONADA vs. cabezonada. En el léxico también gana el corazón.

ESTABAN condenados a encenderse.

෴

EL insomnio esporádico es omnívoro, el crónico carroñero.

෴

CUÁNTO más quieres, menos amas.

෴

NO hay mejor compañía que la de uno mismo llevándose bien. (*Metafísica popular sacrameniense*)

EN un "e-book" todos los libros huelen igual.

⌘

MENTIR por belleza.

⌘

LA ironía es diplomacia guerrera.

⌘

CUANDO una lectura nos pilla desprevenidos, tiene mucho ganado.

HAN refinado tanto el juego de la gallina ciega que todos creemos que es el otro el que lleva la venda puesta.

❧

MEDI(D)AS verdades.

❧

ACOTADO de caza de culpas ajenas.

❧

¡QUÉ suerte tuvo tu alma en el reparto de cuerpos!

LAS opiniones ya no se forman, se consumen.

∽

CONOCER conforta, saber inquieta.

∽

EL servilismo es una forma de darwinismo social.

∽

VERITAS splendet. Y mi perro lee el periódico.

LOS pedestales se cimentan con dinamita.

ↄ

TODA una ciencia: recatar las erecciones de ego en
público.

ↄ

NO hay época de mayor juventud que la alegría.

ↄ

PELMA ilustrado, pelma al cuadrado.

NOS dan la razón, pero lo justo para que no sospechemos.

∾

CUANDO te dicen que seas realista, te están diciendo que te conviertas a su realidad.

∾

DESTILABA recuerdos en el alambique del rencor.

∾

LAS expectativas no consultan con la memoria.

SOMOS lo que no oímos cuando nos dicen lo que somos.

એ

PRACTICABA la taxidermia con sus ideas.

એ

HAY mujeres/hombres que nos cambian. Generalmente por otro/a.

એ

CONSUMIR el potaje de la gresca política diaria desnutre.

QUÉ difícil es devolver la luz que nos llega sin difractarla.

∽

ORGANIZÓ un casting para renovar los personajes de sus sueños.

∽

LA tempestad es un motín contra el silencio de los dioses.

∽

QUIÉN se encargará de recoger las soluciones a todo olvidadas en los bares.

OÍR "tienes razón" nos envanece, pero no tanto como oír "tenías razón".

ᮥ

HUYENDO de la montaña rusa nos refugiamos en la noria.

ᮥ

ES el preguntarse lo que acaba, no las preguntas.

ᮥ

MASA crítica es un oxímoron.

UN niño jugando solo a un juego inventado, poniendo sus propias reglas, y saltándoselas.

෨

SER el alma de doble filo de la fiesta.

෨

FANTASEAR, fantaser.

෨

AL no sabe no contesta puede llegarse por desinterés, por decadencia o por lucidez.

LA crueldad de poner a alguien por las nubes sin ofrecerle un paracaídas.

๛

LE dolía haber derrochado su dolor.

๛

NO saber qué pensar sobre algo es un buen comienzo.

๛

LECTURA vertical, pensamiento pendular.

IDEAS fáciles, ideas frágiles.

❧

ESPECIE a proteger: pesimista tocado por la Gracia del sentido del humor.

❧

FÍSICA elemental: el roce hace el desgaste.

❧

DESPIDIÓ a su rencor por absentista.

EN la amistad, la categoría de íntimo debería negociarse entre las partes.

&

NO hacer daño a nadie, más que de bondad, es signo de falta de compromiso.

&

TAMBIÉN los dioses han pasado al capítulo de fungible.

&

PARECÍA tonto y nada más lejos de lo contrario.

HAY culpas tan retorcidas que incluyen el remordimiento de sentirlas.

⌘

QUIEN afirma que se necesitan dos para discutir, no se conoce.

⌘

APRENDER braille por el placer de tocar las palabras.

⌘

TODO está dicho, pero restan infinitas formas bellas de repetirlo.

UN MUNDO EN EL HUECO

"Yo lo que quiero es hacerme un mundo en el hueco"
(¿Lapsus? de un estudiante. Tomado del discurso
de ingreso en la RAE de Juan Mayorga)

EL aforismo apunta a la cabeza, pero acierta más cuando da en el corazón.

∽

NO juzguéis y no seréis.

∽

HEMOS pasado de medicar el cuerpo a medicar la vida.

∽

MUERTO el deseo, se acabó la savia.

MEJOR construye tus sueños con material reciclable.

ಐ

TENEMOS los políticos que mecemos.

ಐ

SENTIRSE un paréntesis vacío entre dos nadas.

ಐ

ESAS frases trabajadas y perfeccionadas durante días para la ocasión que ya pasó.

LAS sombras del artista son el alimento de su musa más fértil.

🙰

GENTE de orden reclama la gente que ordena y manda.

🙰

LA seriedad tiene un prestigio social inmerecido.

🙰

ACTUALIZANDO pancartas: ¡Corrupción pública para todos! *(A Forges, in memoriam)*

LUDÓPATA, loco de azar.

∽

LA religión denuncia a la postverdad por intrusismo
profesional.

∽

LA inteligencia artificial ha plagiado la formula del Diablo
para tentar y ganar voluntades: usar una receta, que dicen
algoritmo, a medida de cada alma.

∽

LE diagnosticaron una ex mal cicatrizada.

LAS carreteras y las personas demasiado rectas provocan somnolencia.

و

SE podaba el orgullo para que le creciera con más fuerza.

و

HAY sensateces tiránicas.

و

LA génesis de muchas de nuestras seguridades está en no saber que no sabemos.

SU constancia le llevó a ser nadie tres veces.

∽

EL maestro desteje sombras.

∽

¿ADMITIRÁ dios que le recen en B?

∽

LA auténtica cortesía consiste en que el otro quede más complacido consigo mismo que con nosotros.

SENTINOMIENTO, razónavecesmiento.

೮ನ

ALGUNAS de nuestras aspiraciones se colman, las más se calman.

೮ನ

TODO el mundo es inocente de sus deseos culpables.

೮ನ

CUANDO se enteró de que a un convecino suyo le habían tocado cien millones a la lotería, Faustino Zarraguilla comentó: ¡Que se joda y no hubiera echao! (*Metafísica popular*)

LA espera es una rotonda.

❧

LAS ideas se defienden mejor fuera cuando se las ha atacado dentro.

❧

TRANQUILÍCESE que lo suyo no es preocupante. Le voy a prescribir unos baños de Cioran y quedará como nuevo.

❧

PARADOJAS del mercado: las ideas, tan escasas, cotizan a la baja, en tanto que las opiniones, tan excedentes, lo hacen al alza.

LO importante es la salud, de la economía de ellos.

❧

VIGILA tu umbral de estupidez soportable.

❧

TRAICIONERA embriaguez, si el corazón se sube a la cabeza.

❧

ESOS profesores que se recluyen en nubes cuya lluvia no cala.

DE tanto mirar a la gatera, no vemos la puerta abierta.

છ

TIEMPOS políticos estos enlodados en el *ytumasismo*.

છ

LA búsqueda en internet de "teología de los sueños" da únicamente siete resultados.

છ

EL amor es locura y es la cura.

ESTAR de vuelta de todo no te pone a salvo de nada.

∾

EL billete *low cost* ha llegado al viaje interior.

∾

LA Comisión de Justicia del Paraíso recomienda introducir en el Juicio Final la condena eterna revisable.

∾

LA indolencia enraíza hondo.

NORMAL y corriente: otra pareja rota.

∽

NO hay que deshacerse ilusiones.

∽

RESULTA que sí, que se podía caer más bajo.

∽

LAS prisas sirven para tener más tiempo de tener prisa.

MÁS difícil que apearse de un fanatismo en marcha.

∽

LOS hay que se desenvuelven con una falta de vergüenza envidiable.

∽

PATOLOGÍA perinatal del aforismo: abortados, prematuros, nacidos débiles, mortinatos y nacidos viejos.

∽

HAY que fijar ideas sin hacerse de ideas fijas y aclarar ideas sin llegar a desteñirlas.

VIDA plena suena a ornamental.

ↄ

EL nihilismo perfecto es que tu historia no diga nada de ti.

ↄ

AHÍ seguimos, en el "viva quien vence" de Francisco de Quevedo.

ↄ

CUÁNTAS ideas no remontan el estado de emoticono.

HAY amores que sobreviven de no ser correspondidos.

＊

NIEGA y acertarás: redes asociales, tecnologías de la desinformación y de la incomunicación global.

＊

ERES el alpiste de los pájaros de mi cabeza.

＊

RUTAS *El abismo*, especialidad en viaje interior.

TODA autocompasión contiene su dosis de autocomplacencia.

✌

LA resignación no se detiene ante nada.

✌

NO es miedo a la muerte, es miedo a unas pocas muertes.

✌

SOLICITÓ un armisticio a su *horror vacui*.

TODOS tenemos un precio de rebajas.

ↄ

UNA conversación que empieza con "anoche soñé contigo" solo puede ir en declive.

ↄ

LOS hay que tienen un talento creativo de problemas inagotable.

ↄ

EL desamor es una cura pasajera.

FANTASEAR en un circo de tres pistas.

&

LA impaciencia, a poco que te descuides, se adelanta y te delata.

&

LE hizo una declaración de amor paralela.

&

TENÍA la fantasía rota por culpa de una infancia mal jugada.

LA mala fama de la desgana mejoraría si considerásemos la de estupideces que nos ha evitado hacer.

&

MANTENÍA una relación tóxica con su espejo.

&

CREENCIAS refugio, creencias trinchera.

&

EL olvido os hará libres.

EL buen motejador tiene alma de aforista.

❦

EN la brega política la oratoria ha sido sustituida por la ventriloquía.

❦

NO se lamía las heridas para evitar que curasen.

❦

ESCUCHA que algo queda.

LAS apariencias enganchan.

ॐ

LA literatura sí da para vivir. Muchas vidas.

ॐ

VIVIR con la firme indecisión de tirar p'alante.

EGOMETRÍA II

Dejó de escribir. No tenía nada más que esconder.

(Emile Cioran)

TENGO recuerdos de una infancia feliz: la de mis hijas.

෴

SUEÑO que soy la única persona que no puede volar.

෴

ME seduce que la soledad se ponga guapa para mí.

෴

VI una bandada de banderas y pensé que migraban, pero no, era un rito de apareamiento.

EL ordenador me dice: actualizar y reiniciar. ¡Qué más quisiera uno!

∽

MI retrovisor cada vez tiene más puntos ciegos.

∽

EL insomnio y yo nos lo hemos contado todo. Demasiadas veces.

∽

TE mueves tanto en mi cama cuando no estás que no me dejas dormir.

ME llevó décadas salir del *almario*.

∽

AYER tras perseguir a una idea durante horas, se me escapó viva. ¿Serán mis piernas?

∽

PESE a que sea ley de vida, querría que mis ideas no se emancipasen.

∽

NO quiero que me sobren años.

¿INCONFORMISMO? Sí, gracias, un poquito como guarnición.

❧

CUÁNTAS veces no supe parar a esperarme.

❧

MIS creencias son cada vez menos firmes.
(Abril 2012)

❧

MIS descreencias son cada vez más firmes.
(Febrero 2023)

ME proclamo objetor del pensamiento positivo obligatorio.

✌

EL mes pasado sufrí un ataque de cacofonías que me obligó a guardar pluma durante dos semanas.

✌

ME crecen incoherencias por todo el cuerpo.

✌

NO me deshago del miedo a escribir aforismos afónicos.

PADEZCO de fatiga del oyente con desmesura.

۵

EL día en que una treintañera se levanta en el metro para decirte: siéntese, por favor. Ese día.

۵

HA tiempo que las abejas polinizadoras de mis ideas sufren los efectos del cambio climático.

۵

UNO intenta desleír sus obsesiones en la escritura sin dejar demasiados grumos.

ME declaro sociable en excedencia.

&

MI médico me ha recomendado un gerontólogo. Con esos modos cómo no se va a caer en la violencia verbal.

&

CREÍ a mis mayores cuando decían: "la mirada no envejece". Ahora lo repito, pero sin mucho convencimiento.

&

A mi insomnio le pido, al menos, variedad narrativa.

NO sé si apuntar a un curso de mitología a los pájaros de mi cabeza o a uno de ornitología a mis musas.

❧

RARO que corrija tanto lo que escribo y tan poco lo que vivo.

❧

SOY un ficciómano, y rechazo toda metadona.

❧

ERES mi dirección insistida.

HAY felicidades de las que me tiraría en marcha.

&

ME confieso descreyente no practicante.

&

MI cuerpo no es de mi edad.

&

HAY días tristes en los que no me apetece ni echarme una novia para el trayecto del metro.

ESTOY en un momento de relación adolescente con mi cuerpo: ni él me obedece ni yo lo escucho.

℮ఌ

ESTAR en el lugar preciso, en el momento justo y en el yo adecuado.

℮ఌ

SOY un descreído, pero predico la creencia porque es un sustento del vivir.

℮ఌ

MIEDO al día en que ya nada me hiera.

DE oficio, alfarero de nubes.

そ⁄つ

ME he vuelto tan lento que llego tarde a mis ideas.

そ⁄つ

CADA vez hay más asuntos que me interesan menos.

そ⁄つ

AYER me dije: mañana será otro día, pero me mentí.

MI talón de Aquiles es que soy un ciempiés.

ↄ

HAY días que mi ego se pasa a la competencia.

ↄ

SOSPECHO que no fui como me recuerdo.

ↄ

DICHO queda lo dicho sin la menor sombra de certeza.

AGRADECIMIENTOS

Mi mayor agradecimiento a mis amigas y confidentes literarias Begoña, Luz y Esther por su constante apoyo y por sus comentarios y sugerencia. Con ellas comparto la orfandad de nuestra amalgama, Alberto Magro, Marqués de Maqueda.

Agradezco, asimismo, los comentarios y sugerencia hechos por los profesores y amigos Antonio Niño, con su visión humanista, y José Pedro Moreno con su perspectiva matemático-científica.

Mi especial reconocimiento a Miguel Ángel Arcas por su maestría y generosidad.

ÍNDICE

Este número 57
de Aforismos de Siltolá
se terminó de imprimir
en el mes de marzo de 2025